선생님께

그동안 제 마음을 담아 쓴
3번째 시집『빛과 어둠의 경계선에서』를
평소 따뜻한 시선과 사랑으로 격려해주신
존경하는 선생님께 드립니다

년 월 일

가향佳香 봉 순 희 드림

창조문학대표시인선 · 283

빛과 어둠의 경계선에서

봉순희 시집

창조문학사

□ 서시

글의 씨앗 하나

빛나던 내 생의 둘레
눈 깜짝 할 새가 휩쓸고 간
그리운 발자국
흐릿한 기억을 일으켜
글의 씨앗하나 발아 시킨다

사념 속에 돋아난
추억의 잎사귀
한잎 두잎 뜯어서
시를 쓰면

쓸쓸한 마음의 창가에
향기 머금은
글 꽃 한 송이 피어나네

2021년 10월
봉순희

빛과 어둠의 경계선에서
봉순희 시집

차례

1부 빛과 어둠의 경계선에서

2부 하늘빛이 참 맑다네

3부 마른 풀잎의 맑은 향기

4부 해를 품고

1부 빛과 어둠의 경계선에서

빛과 어둠의 경계선에서

숙명처럼
오늘하루의 흔적을 지워야 할
운명의 시간

빛과 어둠의 경계선에서
마지막 불꽃을 태우는
저녁노을

산마루에 땅거미 내리고
고단한 하루를 위로하는
달콤한 와인 한잔

저 노을처럼
내 얼굴도
발갛게 물들고 있다

시간의 바람을 타고

아침이 깨어난다
지축 울리는 힘찬 발자국소리
당당히 고개를 든 아침햇살
벌써 마을버스 정거장엔
긴 행렬에 바쁜 몸짓들이다

저 버스는 삼송역까지가 종점인데
거기서 흩어진 사람들은 어디로 갈까

여명이 어둠을 부수며 달리던 버스는
어느새 횡단보도위에
빨간 경고등은 깜빡거리는데

저만치서
단 걸음 쳐 달려가는
젊은 원앙 한 쌍 참 어여쁘다

17층 우리 집 거실에서 내려다 본
오늘아침 파노라마다
문득 나도 달리고 싶다
저 시간의 바람을 타고

비틀거리는 하루

길을 걸었다
아침이슬을 밟고
하루의 수레바퀴를 굴리며

전쟁터 같은 삶의 난장판에서
저 찬란한 빛과 아웅다웅하는 사이
어느새 붉게 퍼진 저녁노을
몰려오는 어둠이여

천정에 매달린 전등불아래
파란배추 잎 두 어장으로 펼쳐진
네모난 식탁
지글지글 익어가는 삽겹살 한 점
허기진 혀끝을 유혹하는
참 이슬 한잔

고단했던 하루가 비틀거린다
나는 꿈속에도 잊지 못할
엄마 찾아
고향언덕을 헤맨다

파란불빛의 씨앗하나

가던 발길 멈추었소
신호등의 파란불빛이 꺼지고
눈앞에 빨간 불빛이
나타났기 때문이오

어떡하면 좋을까요
저 언덕에 찬바람이 불기 시작하네요
어느새 내 숨결도 가랑거린다오

그러나
가던 발길 멈추지 않겠소
세월, 그 무정한 바람에 잠시 머물던
내 사랑의 뜰에

파란불빛의 씨앗하나
돋아나게
그냥 묻고 갈래요

햇살이 살아 움직인다

어둠의 늪에 빠져
허우적거리는 오늘하루

그 빛나던 위용이 허세였던가
이 땅에 땅거미 내리고
가로등불 하나 둘 켜지면
도심의 빌딩들은 눈을 감고
암흑의 강물 속으로 몸을 던진다

밤에도 강물은 흘러간다
삶이 파도치는 혼탁한 세상바다
대낮동안 짙은 화장과
가면까지 써야만 했던 거리의 얼굴들

달빛내리는 이 야심한 밤
도시의 어두운 그림자들이
저 차가운 강물로
우울했던 몸과 마음을 헹구나 보다

어제의 그 자리에
거대한 도시를 다시 건져 올린
위대한 새벽이여!

햇살이 살아 움직인다
낯익은 거리에
초롱초롱 눈을 뜬 군상들이
이 아침을 걸어간다

나는 사기꾼이다

봄여름 가을 겨울
황홀한 꽃향기에 취해
아름답게 빛나는 색을 유혹해
내 마음대로 글을 쓴다

눈이 내리던지
삭풍이 불던지
나는 자작나무에 걸친 겨울외투를
희롱하듯 사정없이 발가벗겨
불법으로 시의 집도 짓는다

계절에도 판사가 있다면
나에게 내릴 징역형은 몇 년이나 될까
그것도 사계절을 사기 쳐
시를 쓴
그 죄의 형량이

시인은 낚시꾼이다

미끼를 던졌다

무아지경
꿈틀
흔들리는 낚시 대

번득 스치는
시어하나
찰나에 탁 낚아챘다

주문진의 아침

어둠을 건져 올린
오징어 배 한척
그 안에 생명이 꿈틀 거린다

어머니 치마 품 같은 밤바다
세상에서 들려오는 신음소리를
안개이불 덮어 잠 재운다

한평생 거친 파도와 싸우며
온 몸을 던져
낚시질하는 늙은 어부
저 생의 깊이가 얼마나 두려웠을까

하늘과 바다 온 누리
어느새 환희의 금빛 물결
태양은 다시 새벽길을 열었다

오늘은 만선
집어등 꺼진 주문진 항구
비릿한 생선냄새가 파득파득
좌판이 부산하다

독도의 아침

새벽을 깨우는
동해바다 붉은 불꽃을 보았는가
푸른 심장을 보았는가

망망한 대해에서
외롭게 태어난 육신이여
숙명처럼 성난 파도와 싸워야만 하는 것이
독도, 너의 운명이어라

산산이 부서진 하루의 상처를
다사로운 손길로 어루만져주고
다독여주는 달빛의 자장가가 있었나니

아, 나는 들었노라!
보았노라!!

이 아침 동해바다에 우뚝 서서
나의조국 대한민국을
힘차게 깨우는
독도 푸른 메아리를

11월, 오늘의 아침

오늘이여
동녘하늘에 뻗친 붉은 빛이여

어느새 밤을 지배하던
안개의 성은 속절없이 몰락하고
잠든 지구를 깨우는
고요한 함성이여

그래요
분명 오늘은
좋은 일이 있을거예요

아직도 개울가 갈대숲에는
새아침의 꽃
물안개가 뽀얗게 피어오르고
조용조용 맑은 물이 흐르고 있잖아요

서릿발내린 나뭇가지에
나뭇잎이 우수수 쏟아져도
찬란하게 빛나고 있는
11월, 오늘아침이여

파지 줍는 노인

하루해가 버겁다
삶에 짓눌린 저 수레바퀴
땅거미 지는 언덕 비탈길에서
자꾸 헛 발길 한다

망아지들이 질주하는
저 아찔한 길 위에
오늘도 한 노인이 한조각 생을 줍는다

누군가가 무심코 버린
신문지·잡지·쇠붙이들은
그 노인의 목숨 줄이나 다름없다

파지를 주어야하는
극한 현실 앞에서도
노인은 당당하게 새벽을 열고
세상 속으로 걸어간다

낡은 수레바퀴엔
빛나던 시절
추억의 그림자도 함께 싣고

이제 헤어집시다

-작은 그릇하나

이제 헤어집시다

이 순간도
우리는 작은 삶의 웅덩이 안에 갇혀
서로의 가슴을 끌어안고
이렇게 폭포수가 쏟아지는 뜨거운 세상아래
그대와 나는 사랑으로
그 열기를 식혀가며 살아 왔지요

내 안에 쌓인 삶의 무게를
누군가는 그 거친 손아귀로
날이면 날마다 독약 같은
저 파란 세제로 온 몸을 문질러 댑니다

어여쁘게 빛나던 얼굴이었는데
그 선명한 꽃 그림자는
이젠 흔적도 없이 사라지고
아까운 나의 육신마저 금이 가고
한 조각씩 깨어지고 있습니다

그대를 너무 사랑했기에
초라한 모습 더 보일 수가 없기에
지금 이 대로의 순간을

그대 가슴이 기억 할 때
나는 떠나가렵니다

이제 우리 헤어집시다

달콤한 유혹

-커피

안개서린
차가운 창가에 앉아
달콤한 유혹 한 모금을 마신다

고요가 흔들리는 찻잔 속에는
씁쓸한 세상사 이야기와
애틋한 첫사랑의 그리움이
이 가슴을 휘 저으며 녹아내린다

어느새 잔잔한 파문을 일으키며
메마른 입술로 다가오는 황홀한 커피향기
아른아른 피어오르는
검은 유혹 한 모금을 마신다

네모난 세상

네모난 집
네모난 방
네모난 침대에서 일어나
네모난 방문을 연다

네모난 사진액자가 걸린
네모난 거실
네모난 유리창에 껌 딱지처럼 들어붙은
네모난 커튼을 열어 부친다

들풀향기 시들한
네모난 식탁엔
망망한 대해에서 건져올린
생선구이 한토막이
네모난 접시에 반듯하게 누워있다

나는 네모난 세상이 싫다
그래서 네모난 엘리베이터를 타고
헐레벌떡 오늘을 탈출하는데

네모난 그물의 덫에 갇혔던
아침햇살이 자꾸 내 뒤를 쫓아온다
발그레한 얼굴로

빛바랜 사진첩

그녀는 창을 열었다
켜켜이 쌓인 먼지를 후-우 부니
빛은 쏜살같이 달려가
암흑의 심장 속으로 침투한다

그리움은 순간의 날개를 달고
해묵은 세월을 나르고 있다
추억의 보따리 한 켠에
새파랗게 젊은 여자가
응애응애 보채는 아기를 안고 있다

두 눈을 꼭 감고
고사리 같은 손가락으로
제 어미 젖무덤을 더듬고 있는 아기

향기로운 꿈의 꽃길에
그녀의 젖가슴이
살포시 부풀어 오른다

창백한 얼굴에
발그스레 화색이 돈다

비밀의 문

기억의 창고
비밀의 문을 열었다

말-알간 봄볕아래
파란 꽃다지를 따고 있는
단발머리의 한 소녀가

형광불빛아래서
고운 손가락으로
타타타 타이프를 치던
긴 머리의 숙녀가

또 다른 문을 여니
막 꽃이 피려할 때 불어 닥친
생의 파편 한 조각
아수라장이다

초록빛 그림자 서성이는
내 기억의 창고
허우적거리는
얼굴 없는 바람이여

그리운 별 하나

그리운 별 하나
신사동 언덕배기
길 잃은 철새가 둥지를 틀었던
한신 아파트

연분홍 꽃들은
길섶 돌 틈에 서서
봄의 꽃불을 환하게 켰다
하루 종일 작은 음악방에 갇혀서
울고 웃던 색소폰 연주

저 밤하늘에 떠 있는 별들은
그 누구의 얼굴일까
그리운 마음에
별 하나
별 둘 헤아려 보누나

여기는 삼송마을
그리운 별 하나
내 가슴의 창가에 떠 있네

사라진 초록 깃발

하얗게 몰려오는
백발의 갈대 한 무리

허무하게 무너지는
내 존재의 벽
사라진 초록깃발

간직하고 싶다
그래서 덧칠 하는
내 청춘 한 조각

옷의 소망
-백화점 가판대

빛바랜 퇴색의 그림자
켜켜이 터진 살갗
짓눌린 삶의 무게
이젠 벗어나고 싶다

뭇 시선이 함께 머물고
별이 떠있는
저 세상 속으로

우물에 빠진 달

파-아란 하늘가에
둥둥 떠 있던 하얀 낮달
산골마을
깊은 우물바다 속으로 빠졌네

고개를 갸우뚱 하던
아홉 살 단발머리 소녀가
그 달을 잡으려
우물바다 속으로 풍덩 몸을 던졌네

물빛에 빛나는
찬란한 금빛 은빛

허무하여라
허우적대던 그 소녀
찰나에 그 달을 놓쳐 버렸네

그리움의 빛

늘어진 혈류를 타고
삼십 촉 백열구 심장이
빨갛게 터질 때

우주의 어둠을 덮고
저 하늘 전설까지 덮었지

문명의 저편
호롱불빛이 가물거리면
더 반짝반짝 빛나던
저 하늘 아기별들의
어린 눈동자

지금쯤
그들은 어느 행성에서
무슨 생각을 하고 있을까

꺼진 불꽃

-철암 폐광촌

나는 꺼진 불꽃
얼마나 더 기다려야
이 가슴 다시 태울까

고요한 안개 골짜기
문 닫힌 폐광엔
거미가 집을 짓고

기약없이 떠나신 님 그리워
안개바위에 피어나는
너는 하얀 이슬꽃

나는 불꽃 되어
이 가슴 다시 태울거야

나는 날고 싶소

나는 날고 싶소
저 빈 하늘을
한 마리 잠자리가 되어

청청한 하늘에서 꽃바람과 함께
신나게 그네를 타고 놀던
빨랫줄이 나의 놀이터였소

그런데 누군가가
아름다운 내 기억을 지우려하오
둥근 무쇠통으로 나를 가두고
어둠 속에 뜨거운 열기로 고문을 하오

구겨지고
일그러진 육신
맑게 흐르던 영혼까지
이젠 희미해지고 어지럽소

여보시요
이 어두운 감옥에서
나를 구해주오

나는 가고 싶소

꽃바람 불고
산들바람이 불고 있는
저 하늘가로

두 눈망울

만나고 싶다

가깝고도 먼 사이
우린 끝없는
바라기 사랑

길 위에 놓인
영원한 그리움

도시의 얼굴

-가로수

새 옷을 입히고 싶다
이봄 너에게

높은 키에 거만하다고
목석같다고
비아냥거리며 손가락질을 했다

독가스를 마시며
하루하루가 고달프다고 하소연하는
도시민들의 한 숨소리에
네 가슴도 탔구나

가로수야
어서 고운 꽃물이 물든
이 봄의 옷을 입어라

막막한 서울하늘 아래
회색빛 거리를 방황하는 방랑자들이
네 날개에 둥지를 틀고
삶의 찬가를 부른다

기적소리 울려라

골목어귀 포장마차
세상 부딪히며
허우적거리는 술잔

아침이슬 밟으며
저 푸른 상아탑에서
피가 끓던 젊은 영혼들

그 세월이 얼마였던가
아직도 가물거리는 전등불 아래
한숨 소리에 젖어
고개 숙인 낡은 책갈피

어서 기적소리 울려라
소망 실은 청춘열차야

먹구름 1

하얀 물비늘을 일으키고 싶다
내 영혼의 하늘바다에

욕망으로 찌든
육신의 검은 찌꺼기를
천둥의 굉음으로
찰나의 불꽃으로
산산이 깨트리고 싶다

그래서
내 영혼의 맑은 호수에
키우고 싶은
청둥오리 한 마리

먹구름 2

하늘 가슴이 아픈가보다
얼굴이 우울하더니
왈칵 눈물을 쏟아낸다

누가
저 착한 마음에 생채기를 냈을까
이 땅에서 너와 내가
갈등하고
번뇌하고
갈라치는 이 분법에 마음이 아픈 게다

이제
우리들 가슴에 맺힌 응어릴랑
저 먹구름의 눈물처럼 흘려버리고

하얀 목화밭에 양떼들이 놀고 있는
하늘바다
평화의 섬으로
돛단배 한척 띄워 보내자

통일로의 꿈

-나는 꿈꾸고 있다

꿈을 꾸고 있다
1번국도 통일로 연신내 물빛공원에서

한국전쟁으로 두 동강난 한반도여!
비록, 나는 반신불구가 되어 누워 있지만
임진강에서
한탄강에서
크고 작은 강줄기 실핏줄에선
이 겨레의 진한 피가 흐르고 있다

지금도 내 영혼의 날개인
한라에서 백두까지
저 순박한 텃새들이 손에 손을 잡고
남북을 오가지 아니한가

가자
어서가자
나는 돌개바람의 빨간 비상등을 울리며
개성을 지나 사리원 평양 신의주까지 달린다

우리의 소원인 평화통일을 가슴에 안고
문산 통일대교를 건넜나니

수 십 여년 인간 띠로 가로막힌
녹슨 DMZ문이 활짝 열렸구나

꿈속에서 차돌처럼 굳어졌던 가슴에
뜨거운 피가 흐른다
내 몸이 꿈틀 거린다

한강의 밤

빌딩 숲 그림자 안고
밤을 지새울 때

저 하늘별과 달이
네게 말했다지
'울지 말라고,

그래
가슴에 맺힌 응어릴랑
저 흐르는 강물에
다 실어 보내고

새아침
붉은 태양 한줌
네 가슴에 품어보렴

강 1

-갱년기

갈바람 불고
낙엽 질 때
파문 이는 저녁강물

영원으로 가는 길
생의 여울목
서성이는 초록그림자

강 2

속삭이는 강바람
드러낸 말간 속살

초승달 잠든 사이
옥돌 하나 잉태하고

산다는 게 별거더냐

산다는 게 별거더냐
인생이 별거더냐

네 얼굴
내 얼굴에
어둠의 그림자 드리울 때

괜찮아
그래 괜찮아
토닥토닥
껄껄껄

뜨거운 눈물 한바가지
쏟아내면 되는 거지

산다는 게 별거더냐
인생이 별거더냐

태양은 빛나고 있었다

–양파

태양은 빛나고 있었다
호미 끝자락에

지구에 박힌
둥근 달 하나

하얀 속살을 벗길 때
황홀함이여

까닭 없이 흘러내리는
눈물 한 방울

태양은 빛나고 있었다

2부 하늘빛이 참 맑다네

하늘빛이 참 맑다네

벗이여
한겨울 광풍 불던
저 벌거숭이 산야에 봄꽃 소식이 있다네

세상의 온기마저 외면하고
켜켜이 철옹성을 쌓던
그 산야가 아니었던가
겨우내 쌓인 앙금을 훌훌 털어내고
새 친구를 맞이하는 담대함도 보았다네

어제도 오늘도
그 분노의 벽엔
원망만 자라는 줄 알았는데
봄 햇살은 자작나무 잔설을 녹이며
어느새 우주만물들과 손을 잡았다네

벗이여
자박자박 다가오는
봄의 기적소리가 들리시는가
어서 닫힌 창을 활짝 열어 보시게나
하늘빛이 참 맑다네

순간의 꽃

봄비가 내립니다
내 마음의 초롱에 물을 받아
말라비틀어진
기억의 뜰에 물을 줍니다

시간은 무던히 흘러갔고
이 봄날 먼 산에 나무들이
겹겹이 껴입은 겨울외투를 벗겨낼 때
보석 같은 추억이 저장된
내 기억의 창고에도
새싹들이 파릇하게 돋아납니다

하늘도 푸르렀던 날
불타는 청춘의 광장에서 뒹굴던
내 삶의 뒤안길에
붉은 피가 솟구칩니다
시원하게 소나기 한줄기도 내립니다

그리움은 고개를 들고
순간의 꽃으로 피어납니다

새벽종 울리는 그날까지

봄의 대지에
한 송이 꽃을 피워 낸 우리
파이팅 넘치는 짙푸른 정글에서
찬란하게 빛나는 옷을 입고
축배까지 들었는데
이제는 어깨가 시리다

찬 서리 내려
낙엽 뒹구는 황량한 벌판에서
마른 풀잎에
남루한 담요 한 장 걸치고

새벽종 울리는
그날까지
그날까지

긴 꿈을 꾸고 있는
풀뿌리의 작은 발가락들

초록불길을 당기자

절망
이 암흑 땅에
작은 불씨를 지피자

빛바랜 떡잎 한 잎 걸치고
겨우내 침묵하던 풀잎들아
희미한 의식에서 깨어나
눈을 뜨거라

회색안개에 덮인
암울한 세상
고개 숙였던 벗님들이여

어서 봄의 나팔을 불며
초록불길을 당기자

풀꽃들의 저항

침묵을 깨운다
새날
새 광명을 위해

지난겨울
저 차가운 독재 앞에
꽁꽁 묶인 손발이다

어둠을 뚫고
예서제서 들려오는
봄의 호루라기 소리
피어나는 연록의 깃발

자, 태우자
저 누더기 같은 검불 옷을
순간 온 산천으로 번지는 꽃불
풀꽃들의 푸른 함성

너는 얼굴 없는 화가다

사랑스런 바람일까
사랑꾼 햇살일까

발가벗은 가지에
노랑 빨강 하양
연두 빛 물감 풀어 봄을 그리는

그대는 서투른 화가
저 산등성이 빈 도화지에
어설프게 색칠해도
아리따움은 피어나네

향기에 취하였네
한 잔술에 취하였네
어느새 지는 꽃잎 밟고 가네
아, 봄은 덧없어라

봄 그래서
너는 얼굴 없는 화가다

마랑포의 푸른 동백

뱃길 끊긴 마랑포
마지막 불꽃은 꺼져가고

사월 서해바다에 몸을 던진
동백의 눈물이련가
핏빛으로 물들고 있다

시린 가슴 울리는 뱃고동 소리여
님의 발자국 소리여
그리운 마음에 피어난
한 송이 불꽃이여
아, 나그네 가슴이 아프다

안개비 덮인 마랑포
봄을 안고 가는
동백의 푸른 치맛자락

*마랑포 서천군 서면 마량리

움트는 청 보리밭

싹이 움트고 있네
내 건너 보리밭에

지난해 늦가을
낙엽마저 홀연히 떠나간
저 차디찬 묵정밭에
작은 씨앗하나 묻어 두었네

이 나른한 봄날
그리운 내 어머니
젊음의 초상이 아른거리는
밭고랑 사이사이에
싹은 파랗게 돋아나는데

아직 떠나지 못한 잔설이
눈물 흘리고 있네

버들피리소리가 아련하네

봄 오는 소리가 들려오네
내 귓가로 희미하게

겨울의 덫에 갇혔던
내 고향 충청도
논두렁 밭두렁에도
봄이 다시 찾아오고
새싹들은 파랗게 돋아나겠지

내 유년의 어린시절
아지랑이 개울가에서
막 물오른 버들가지 하나 꺾어
개구쟁이 오빠가
흙 묻은 손으로 불어주던
버들피리소리가 아련하네

사부작사부작
내 귓가로 들려오는
봄의 발자국 소리에
지금 그 시절이 하도 그리워
울컥 목이 메이네

그 파란 문

파란 대문을 열면
자목련나무 두 그루
하얀 매화꽃 나무 세 그루
빨간 단풍나무 한 그루가 서있던

오월, 정열의 붉은 장미가
푸른 벽을 타오르던 가시넝쿨
채송화 봉숭아
백일홍 꽃 그림자 아련하다

네모난 마당에
흰둥이 한 마리
작은 꽃밭을 비행하던 벌 나비
세발자전거를 타던
어린 내 아들 딸

그렇게 사랑이야기가 물결쳤던
그리운 나의 집
오늘은 문득
그 파란대문을 열어보고 싶다

번지 없는 문패

역촌동 작은 골목
잘생긴 집이 네 채
우리 집은 두 번째

파란대문 둥근 돌기둥
자그마한 화단에
채송화 봉숭아 백일홍 꽃이
어여쁘게 피던 마당가

한겨울 삭풍불어 심신이 지쳤을 때
봄의 문패가 달린
꽃 대문을 살포시 열면

백목련
자목련이 꽃등에 불 켜고
서있던 그 집

지금은 바람의 흔적 없이 사라진
그리운 나의 집

반가운 까치소리

봄이 오시려나
어제는 입춘
성급한 마음에
봄노래를 불러봅니다

여기는
잔설 쌓인 봉산자락
아직도 살을 에이는 칼바람입니다

야-호
얘들아 어서 일어나
봄이 오고 있잖아요

내 건너
북한산 큰집에서 들려오는
반가운 까치소리

그곳을 걷고 싶다

하늘과 땅 사이
파란 옷 입고

탱자나무 마당가에
우유빛 감꽃이 환하게 피어나고
흙먼지가 아련한
그 오솔길

보랏빛 너울이 춤추고
일곱 살 어린소녀가
노란별꽃을 따던
거기는 꿈의 들판이었다

오늘은 문득
그곳을 걷고 싶다

봄의 발자국

지구가 깨어날 때
지축 울리는
생명의 소리

어느새 꽃신 신고
우주로 달려가는
우리아가 힘찬 발걸음

감꽃등불의 그리움

논길을 걸어
밭둑길 걸어
엄마 손잡고
아버지 마중 가던 길

미루나무 사이길 저 멀리
울퉁불퉁 자갈밭길에
흔들리는 자전거를 타고 오시던
젊은 면서기 나의 아버지

내 유년의 밭고랑엔
감자꽃이 하얗게 피고
고샅마다 뽀-얀 달빛을 닮은
감꽃 등불이
아직도 내 마음 속에 빛나고 있지

노랑나비 훨훨 날고 있는
평화로운 유월 풀밭에서 뛰놀던
나는 어린양 한 마리

불광천의 봄 1

달빛이 환한 봄밤
하얀 웃음보를 던지는
작은아씨들

음흉한 꿀벌
달콤한 말 한마디에
앙가슴마저 풀어헤치는
봄밤에 마음도 헤픈 봄날이다

원앙이 놀고 있는
저 불광천 여물목엔

별이 떠있고
꽃잎이 떠있고
내 그리움 한 조각도 떠 있다

불광천의 봄 2

하늘엔 달빛이
지상엔 벚꽃이
은은한 사월 봄밤이여

사랑의 전류가 따사롭게 흐르는
불광천 여울목에
두 손을 잡고 걸어가는
젊은 연인들

코끝을 간질이는
향기로운 꽃냄새에
빙그레 미소 짓는 가로등불 아래

이 마음도 설레는
사월의 봄밤이여

새봄이 오나 보다

비가 내린다
겨울이 가나보다
얼어 부풀어져
무뎌진 대지의 신경 줄에

눈보라 치는 저 광야에서
우리는 길을 잃고
얼마나 헤매야했던가

입을 닫고
숨을 죽인 채
끝나지 않을 것 같았던
엄혹한 시련
어서 이 광기를 끝내야 했다

동토 속으로
희미하게 울려 퍼지는 함성
그것은 반란이었다

그렇게 쏟아 붓던 춘설春雪도 멈추었다
어두웠던 안개거리에
햇살이 빛난다
새봄이 오나 보나

봄의 출사표

봄이다
얼굴을 감춘 봄의 전령사가
이 땅의 우주만물들에게
무언가 신호를 보낸다

도대체 나는
그 암호를 해독할 수가 없다

동토의 왕국에서
혹독하게 시련을 견뎌낸
작은 생명체들이
예서제서 고개를 내밀고

어린 새순들이
새파랗게 눈짓하고
나풀나풀 날개 짓한다

봄의 잎사귀

지난겨울
삭풍 불던 나뭇가지 끝에
맺힌 절규여

저 싸늘한 얼굴에
따뜻한 봄볕 한 움큼을
누가 뿌려 놓았는가

하얀 꽃잎 돋아나 바람에 진자리에
다시 피어나는 봄의 마음
푸른 그리움의 나라여!

봄의 마당가

봄바람 불고
볕 좋은 날
세상살이에 찌든 때를 삶는다

올올이 박힌 삶의 찌꺼기가
거품 일고 솟아오를 때
말끔하게 사라지는
세상사 근심과 걱정

반짝반짝 빛나는 얼굴들이
사뿐사뿐 그네를 타고 있는
빈 하늘가에 하얀 꽃구름

나른한 봄볕에
꾸벅꾸벅 졸고 있는
누렁이 한 마리

봄의 대지

얼어붙은 마음을
이제 풀어버려라

세상이 너에게 보낸 건
싸늘한 눈빛과 찬바람뿐이었지

지난해 늦가을
마른 잎마저 떠나버린
황량한 가슴에

하늘의 선물인가
봄비가 내린다

봄은 한 울타리

봄을 걸어가는
빨간 꽃 대궁하나

꽃샘바람 부는 길목에 앉아
긴 침묵을 깨우는 민들레
노란등불을 보았는가

봄은 한울타리
따뜻하게 손잡고 가는
민들레의 아기 발걸음
개나리 소녀의 노란 스카프
제비꽃 작은아씨의 수줍은 미소

이제 우리는 하나다

벚꽃 1

봄바람이
여-땅 호루라기 불면
연분홍 꽃잎이
팔랑팔랑 그네를 타네요

저 하늘에
두둥실 떠 있는
하얀 꽃구름 잡으려나 봐요

연록의 파-아란 잎 새
꼼지락 꼼지락
아가 손가락 펴고 있네요

벚꽃 2

봄이 흐르고 있다
산의 벚나무가지에

파르르 떨며
묵은 가지 끝에 피어난
연록의 어린 입술
어느새 뾰족한 봄의 화살이 되어
한여름 전투장으로 달려간다

먼-언 발치에서
하얀 손을 흔들며
전장 터 같은 불의 나라로
자식을 보내는
어미의 마음 애달프다

이별의 순간을 예감하였을까
검은 눈물의 씨앗하나
그 어미 눈가에 아스라하다

봄이 흐른다

벚꽃 3

후드득
떨어지는 빗방울 소리에
긴 밤을 하얗게

어둠을 걸어 온
아침햇살
밝고 상기된 얼굴로
'괜찮았어,

다독여주는
따뜻한 별의 마음
그늘졌던 얼굴에
팡팡 터지는 하얀 팝콘

이 봄의 꽃길에

우리아가 얼굴에 햇살 내리네
축복의 손길이라네

어제도 오늘도
그저 하루뿐인 것 같았는데

엄마아빠가 내려주는
사랑 비를 맞으며
한 뼘 두 뼘 자라나더니
아장아장 걷더니

아롱다롱이가 피어나
봄의 화원으로
힘차게 달려가는
우리아가 어여쁜 발걸음

임진강의 봄

강변을 걷고 있습니다

긴 침묵의 시간을 보낸 그대여
그 아픈 상흔을 올곧이 가슴에 묻고
한국 전쟁의
망각의 세월이여

모진세월
저 외로운 강가에 서서
고단했던 삶의 무게에
어깨까지 축 늘어진 늙은 버드나무가지에는
아스라한 전설이 피어나고 있습니다

봄볕은 무심한데
그 아픈 기억들을 덮으려는 듯
강둑에 색색으로 피어나는
꽃송이 꽃송이들

나는 노란꽃잎 한 잎을 따서
온몸으로 이 땅을 지켜준 당신에게
파란 잎새의 편지지에
향기로운 봄꽃소식을 적어
그대 가슴으로 띄워 보냅니다

하얀 멍에

이 어둠의 울타리에서
탈출하고 싶소

나는 재판의 판결도 없이
수인번호도 없이
하얀 마스크를 쓰고
감옥 같은 방안에 갇혀 있다오

그러나 봄 창살을 타고
발-알간 햇살 한줄기가 흐르고 있다오
이내 마음속에도
수많은 꽃송이들이
요염하게 피어나고 있다오

어느 날
기약 없이 네모난 방안에서
향기 잃고 스러지는
내 마음의 꽃송이
봄 꽃송이들

*2020년 4월
시간에 가려진 창가에서*

3부 마른 풀잎의 맑은 향기

백운계곡

그리움이 부른다
그 계곡에서

유리알처럼 맑은 물에
두 발을 담구는 순간
숲속에서
물속에서
어린 내 아들 딸들의 영상이
자박자박 걸어나온다

한여름 땡볕에 누워
벌겋게 달구어진 조약돌들도
반가운 듯 하얀 덧니를 들어내고
성미 급한 낮달은
어느새 한잔 낮술에 취해 비틀거린다

산 메기 한 마리
어둠의 물속에서
뭇별 하나 줍는다

칠월, 청춘이다

지구가 푸르다
힘이 불끈 솟는다
내 아들 스무 살 때처럼

가지 끝에 알알이 잉태 된
저 보석 같은 열매들
지금 너희들이 청춘이다

낙뢰가 쏟아지는 지뢰밭을 걸어
장대 빗속을 걸어
나 여기까지 왔노라

장엄하게 불타는
이 대지에 서 있나니
나는 두렵지가 않다

칠월, 젊음의 향기가
내 곁에 있기 때문이다

계곡물의 탈출

벗어나고 싶었다
이 답답한 골짜기를

해가 떠 있고
달이 떠 있고
별빛 물고기가 활개 치는 곳으로

그래서 작은 소망하나
풀잎 조각배에 싣고
세월의 물살로 노 저으며
문명의 바다로 탈출하였다

망망한 대해에서
문득 그리운 건
내 고향 정든 계곡에서
물장구치고 놀던
피라미 버들치 붕어 송사리 떼 친구들

늙은 바위에
덥수룩한 이끼 수염
내 영혼의 안식처가 되었던

하얀 찔레꽃
-유월의 잔상

그해여름
저 피의 능선에서
어린 풀잎들이 쓰러질 때
풀벌레 울음소리는 곡소리였습니다

생사의 기로에서
겨우 목숨하나 살아난 나는
흔적 없이 사라진 당신들의 이름을
목 놓아 불러봅니다

그 세월이 얼마였던가요'
유월산야에 산산이 찢겨졌던
가시덩굴에 피어난
저 하얀 찔레꽃 한 송이는

이름 없이 사라진
당신들의
거룩한 영혼의 꽃입니다

푸른 연병장

-벼

난리가 났다
과열된 붉은 햇살의 유탄
쏟아지는 물 폭탄

푸른 제복
가녀린 어깨
세찬 비바람 속에서도
꼿꼿하게 서 있는
저 불굴의 정신

땀방울이 흥건한 논바닥
삶의 전쟁터에도
달이 뜨고
별이 뜨고
풀벌레가 울고

한여름 밤
푸른빛과 어둠의 경계선에서에 안겨
꿈 하나 하얗게 영그는

풀잎편지

바람이여
이 풀잎편지를
저 봉화대 불꽃마을로 전해주오

패랭이 모자를 쓴 무법자들이
지금 평화로운 내 뜰을
노략질하고 있나이다

아직, 나는 몸과 마음이 어려
내 손엔 풀 총 조차 들 수가 없나이다
그 두려움에 숨조차 쉴 수가 없나이다

바람이여
어서 일어나 주오
풀잎들이여
고개를 들어 주오

담벼락에 기대 한숨짓는
나팔꽃들이여
능소화 꽃들이여
그 어여쁜 입술로 나팔 좀 불어주오

저 봉화로의 불꽃메아리가

우리가슴
가슴으로 번지는
그날, 그 순간까지

여름 1

사람들아
이 회색 도시를 벗어나자

작은 몸으로
어둠의 땅에 불멸의 빛을 주는
개똥벌레를 찾아가자

세상의 거친 언어들일랑
쉬-임 없이 흐르는
저 계곡의 물살로
말끔하게 씻어 보내자

쉬, 송사리 떼 잠깰라
조용조용 징검다리 건너자

풀벌레가 속삭이고
머루다래 익어가는
여름 숲으로 가자

여름 2

잠시 쉬어가자
푸른 심장이 고동치는
산천초목에 누워

살포시 귀를 열고
흐르는 시냇물소리와
풀벌레 소리를 들어보자

푹푹 찌는
삼복의 폭염
천둥과 번개 치는
저 폭풍의 언덕을 넘어야 한다

잠시 쉬어가자
가슴에 초록물들이며

마른풀잎의 맑은 향기

더 높은 집
더 넓은 땅
작은 풀뿌리에게 조차
곁을 주지 않는 검은 욕망

하늘에서 내려주는
한여름 은혜로운 햇빛조차
한손에 움켜주고
나눌 줄 모르는 저 탐욕의 곳간

붉은 비단과
알곡들로 넘쳐난다
이 풍요로운 가을에

그대는 아시는가
빈 등걸 가난한 옷깃에서 나는
마른 풀잎의 맑은 향기
돋아나는 소리를!

생의 마디가 흔들린다

바람이 분다
빨간 단풍나무 한그루
생의마디가 흔들린다

깊은 잠에서 깨어나 달리는 망아지들
마구간 한구석에서 발갛게 눈을 뜨고
찬란한 오늘을 신었다

세상 밖 눈치를 살살 보며
살금살금 문밖으로 기어가는 듯하더니
어느새 헛기침 소리를 내지르며
바람의 속도로 달려간다

목적지는 어디일까
찬서리 내려
가을꽃비는 우수수 쏟아지는데
바람이 분다

서리꽃 당신

서리꽃 당신
고독에 떨고 있는
저 야윈 풀잎 가슴에
하얀 꽃 한 송이를

아침햇살 깨어나면
흔적 없이 사라질 운명인데
서리꽃 당신

바람의 정거장

바람이 멈추지 않네
날개를 달고 달려가네

눈 깜짝할 사이
어디론가 자취를 감춘 초록그림자
초연히 걸어가는 은빛갈대 한 쌍
깊게 패인 밭고랑에 검버섯만 피어나네

시간이 멈출 수만 있다면
세월도 정거장이 있다면
국어사전에도 조간신문에도
인터넷 안개의 창에도
바람은 정거장이 없다네

무수한 생각이 흐르는
내 삶의 강가
사랑하는 이에게
이 파란엽서에다
애틋한 마음 쓰고 싶은데

바람이 멈추지 않네
날개를 달고 달려가네

이 가을의 소묘

가을을 마시자
노란 단풍잎 술잔에
찬이슬로 빚은 맑은 술을

꽃바람 한줄기에
향기롭게 피어난 삶
한여름 강가를 헤엄치던
그 푸르른 날들

지난여름 땀에 절었던
지친 삶의 무게가
저 하늘에 떠 있는
새하얀 구름보자기에 싸여
하늬바람 속으로 사라질 때

나는 가을에 취하고
그리움에 취해 비틀거리는
코스모스 한송이

바람의 운명

기억한다
지난봄 마음을 흔들던
그 꽃향기를

저 불타는 태양과 초록그늘 하나되어
알알이 열매 맺힐 때
이 가슴도 뜨거웠다

아직도 꺼지지 않는
그 애련의 불씨이련가
북한산·속리산 가슴을 발갛게 태우고
내장산 속살까지

지금
저 열기를 꺼야만 하는 게
나의운명인가
차가운 독백에
고개 숙인 낙엽 한 장

건들바람의 비밀

꽃잎 한 잎
봄의 강물 건너
푸른 숲 안개이불 덮고
긴 몽환에 취해 비틀거린다

사납게 불어대는
폭풍우 속에도 움켜쥐었던
생의 한줌이었는데

얼굴을 감춘 건들바람이
그 차가운 손으로
어깨를 마구 흔들어댄다

저 바람의 걸망 속에는
무슨 비밀이 숨어 있길 래
한여름을 노래하던 나뭇잎들이
마지막 기억까지 지우고 있을까

생각이 깊어질수록
까닭 없이 눈물은 흐르는데
마음이 분분한 작은 풀꽃들도
길섶에서 시나브로 시들어간다

꽃잎 한 잎
봄의 강물을 건넌다

황홀한 고백
-단풍잎

고백하고 싶었다

개나리꽃 피고
진달래꽃 피고
안개꽃이 하얗게 피었을 때

어린순정을 흔들던 봄바람
달콤한 너의 목소리
콩닥콩닥 뛰었던 이내가슴
덧없이 흘러버린 청춘이여

이젠 고백하고 싶다

이 가을이 다 가기 전에
봄바람, 진정 너를 사랑했노라고
숨 멎을 듯
황홀하게

가을우체국 앞에서
-단풍잎 편지

찬바람이 불고 있습니다
영혼의 안식처를 찾아가는
가을나비 한마리

어둠의 땅에 태어나
고난의 질곡 속에서도
꽃 사랑을 피우고
저 불타는 광야에서 포효하던 푸른 함성
얼마나 많은 사연들이
그 가슴 속에 숨어 있었나요

흰 구름이 유유하고
붉은 융단이 펼쳐진 광활한 무대
이 가을우체국 앞에서

하얀 갈대는 흔들리는 몸짓으로
구절초는 고단한 삶의 향기로
은행잎은 노란지폐를 한장 한장 날리며
시낭송을 하고 있네요

고개를 끄덕이던 단풍잎도
빨간 편지지에 쓰인 고백을
황홀하게 하고 있네요

콩 타작 하는 날
-술래잡기

고즈넉한 마당가
가을볕은 따갑고

아까부터 동그란 눈깔들이
요리 떼굴
조리 떼굴

나 잡아 봐라
'메롱 까꿍,

햇살구멍 찾아
작은 쥐구멍으로
또르르 숨어버리는
장난꾸러기
콩알이네 형제들

초가지붕의 그리움

가을이 떠나갑니다
박꽃 피던 초가지붕에
무서리가 내리고
빛바랜 감잎이 뒹굴고

가난한 어머니가
저녁밥을 지으실 때
지붕위로 피어오르던 연기
군불 지펴 따뜻해진 아랫목
화롯불에서 보글보글 끓던 청국장

어디서 다시 만날 수 있을까요
노-오란 초가지붕과
그곳이 제 무대인양 너울춤을 추던
그 하얀 연기를
사랑하는 나의 어머니를

지금 그대 얼굴에

불볕 쏟아지는
한여름 광야를 내달리던
야생마 한마리

삶의 길목을 지날 때마다
숲은 검게 우거져 앞을 가리고
칡넝쿨 같은 올가미에 갇히고
송곳 같은 가시넝쿨에 찔리고

절체절명, 그 순간에도
오직 당신은 말고삐를 불끈 쥐고
저 불타는 광야를 향해 전력 질주하였나이다

심신이 지쳐있을 때
계곡을 흐르는 물소리
산새들의 노래소리
저 산 메아리의 응원가 없었다면
어찌 훈장처럼 패인
그 깊은 세월의 골짜기에
삶의 이야기가 아름답게 피어날 수 있겠나이까

생의 낭떠러지에서도
흔들리지 않고 달려온

당신의 거룩한 삶이었기에

지금 그대 얼굴에
가을볕이 곱게 내리고 있나이다

늦가을의 상념

석양이 물든
저녁 강물

기러기 떼 창공 나르니
이 가을도 저물고 있네

내 가슴 속으로 파고드는
아스라한 바람 한 조각

허무 하여라
세월도 무심하지

김장 하는 날

목을 비틀어 온다
파란 치마폭에 쌓였던
하얀 속살 여밀 틈새도 없이

찰나에 서해바다
짜디 짠 소금물에 절여져
순간 멈췄지만
아직도 온몸엔 신열이 난다

이 가슴 속에는
소래포구 붉은 새우 몇 마리
남해에서 순장된 은빛 며루치
산산이 부서진
붉은 고추의 뜨거운 열정으로

그렇게 나의 한생애가
우주의 달 항아리 속으로
깊숙이 잠자는 날

저 하늘 구름밭에서
몽글몽글 손을 흔들고 있는
하얀 양떼구름

첫사랑 1

하얀 꽃잎 고개 숙일 때
파란 손수건 흔들며 떠나간
내 사랑아

지금
이 가을 벤치 위를 뒹굴고 있는
낙엽 한 잎
저 메마른 가슴 속에도
봄꽃향기 한 조각 머물고 있을까

소슬바람 부는 겨울길목에서도
멈추지 않는
첫사랑의 그리움이여

첫사랑 2

그리운 꽃 한 송이가
가슴에 피어나네

풋사과처럼 싱그럽고
솜사탕처럼 달콤하던 첫사랑이었네
질투의 여신 때문일까
끝내 이루지 못한 사랑이여

아, 세월은 덧없어라
하얀 갈대가 손짓하는
쓸쓸한 갈대밭에서
그 시절을 추억하니
내 심장이 뜨거워지네

그리운 꽃 한 송이가
가슴에 다시 피어나네

파란보자기의 비밀

가을이 물든 단풍잎 찻잔에
그리움 한 스푼을 타서 마시네

하늘엔 정처 없는 흰 구름
어깨를 스치는 스산한 바람
나는 쓸쓸한 가을벤치에 앉아

지난여름 내 마음의 푸른 풀밭에
고이고이 수를 놓았던
파란보자기 하나를 살며시 풀어보네

갈바람 따라 홀연히
내 곁을 떠나가신 사랑이여
그때 이내마음 고백할 수가 없어

붉은 입술로 써 내려간
꽃잎의 애틋한 사연이 적힌
비밀보자기라네

가을이 물든 단풍잎 찻잔에
그리움 한 스푼을 타서 마시네

너는 나의 천사

황량한 벌판에
홀로 오도카니 서있는
늙은 나무 한그루

소슬바람 부니
세상은 스산하고
제 둥지 찾아
어디론가 훌쩍 떠나가 버린 잎 새들

앙상하게 여윈 몸
작은 바람결에도 갈피를 잡지 못하고
이리저리 흔들린다

걱정 마셔요
제 손을 꼭 잡으셔요
눈앞이 아득할 때
따뜻한 봄볕 되어
그 외로운 가슴을 쓸어안고
다독여주는 종달새 한 마리

세상 풍파는 저 멀리
그 늙은 나무 한그루
서녘으로 먼 길 떠나실 때

남긴 마지막 한마디

너는 나의 천사다

깨어나는 맑은 비명
-겨울 강

삭풍 부는 겨울 강
쓸쓸한 여울목

봄여름 가을 지나고
이젠 겨울
하얀 그리움을 끌어안고
먼산바라기 하는
얼음덩이가 된 가슴

겨울 강 나루터에서
봄의 날개를 달고
미끄럼 타는 봄바람

예서제서
깨어나는 맑은 비명

자유로의 소망

동토를 걷는다
한겨울 강바람 세차게 불고
잿빛눈발 하염없이 내리는데

강변에 긴 철조망은
세월이 무수히 흘렀건만
아직도 겨울이 되면
강물의 마음은 꽁꽁 얼어붙는다

날 풀어지고
삼사월 봄꽃 필 때
한강물과 임진강물은 서로 얼싸안고
맺힌 마음 풀어대는데

남북을 가로막는
저 흉물스런 철조망은 언제나 걷히려나

오라
어서 오라 그날이여!
따사로운 봄볕아래
한겨레가 손에 손을 잡고

우리의 소원은 통일
통일노래 부르는 그날이

내 마음의 기찻길에

눈이 내립니다
내 마음의 기찻길에

잿빛 스카프를 두른 그녀는
그리움이 하얗게 머문
그 정거장으로
안개의 창을 열고 달려갑니다

흐느적거리는 커피 잔
피어오르는 향기
문득문득 스쳐가는 흐릿한 기억들과 함께
거친 세월의 바람을 싣고 떠나 가버린
그 사랑의 철길에
다시 군불을 지피고 싶습니다

이 땅에 잠시 머물다가는
인생의 여정
보랏빛 향기가 머문 그곳에

눈이 내립니다
그 추억의 잎사귀를 덮는 듯
내 마음의 기찻길에

종이 컵

눈 내리는 언덕배기
하얀 카페에서
당신을 기다렸습니다

잿빛 코트에 핼쑥한 얼굴
눈가엔 슬픈 미소
굳게 닫힌 입술로 다가온 그대
어느새 우린
은밀한 밀어를 나누었습니다

창밖엔 눈 내리고
감미롭게 음악은 흐르는데
어쩌라고 당신마음은
자꾸 식어만 가는 건가요

차마
그 눈빛을 바라 볼 수가 없어
나는 그만
당신가슴에 주저앉고 말았습니다

하얀 그리움

기억 언저리
안개 걷힐 때

은밀하게 피어나는
나만의 꽃 한송이

콩닥이는 이내마음
누가 보면 어쩌지

고독한 영혼의 밭에
무시로 피어나는 하얀 그리움

자선냄비

땡-땡땡
어둠과 아픔 있는 곳에
고요를 뚫고 복음의 종소리가

가난한 이웃을 위해
눈보라치는 거리에서
자선냄비는 가슴을 열어 놓습니다

동전한 닢 땡그랑
동전한 닢 땡그랑
사랑의 온정이 가득 차 오릅니다

함박눈 펑펑 내리는 날
얼굴 없는 천사가 있어
그 심장엔 따스한 피가 흐르고 있습니다

한해의 끝자락
이토록 사랑의 물결이 파도치나니
올겨울 우리네 마음도 참 따뜻합니다

4부 해를 품고

어머니의 기도

찬바람이 붑니다
뒤란 대숲이 흔들립니다

무서리 내리는 밤
꽁꽁 언 정화수 한 사발 앞에
두 손 모은 어머니 기도는
위대한 모성이십니다

뜨거운 눈물 흘리며
자신의 육신을 태우는
거룩한 촛불이십니다

어미의 마음

내가 탄 시내버스가
키 높이 자랑하는
광화문 빌딩 숲을 지나간다

차창밖엔
그 근처 회사에 근무하는 듯한
옷맵시가 세련되고
발걸음도 당당한
어디서 본 듯한 젊은 여성들이 걸어간다

활기찬 저 모습
수원 매탄동 한 아파트에서
온 정성을 다해
세 살배기 어린 외손녀를 돌보고 있을
내 딸 얼굴이 떠 오른다

세상 좁다고
온 광야를 찾아 헤매던
멋진 지성이었는데

광화문 빌딩숲을
과거 시간 속을 함께 달려 걷는다

너의 빈자리

"따르릉,, 엄마 뭐 하셔요
밥하고 있어
오빠는?
아빠는?
다들 집에 있어'좋겠다,

애지중지 내 딸내미
응석받이 내 딸내미
작년 봄 좋은 짝 만나 시집가더니
그새 제 핏줄이 그리웠나보다

신나게 하루를 놀다
그리운 제 둥지 찾아가는
저녁노을을 보면

눈에 넣어도
안 아픈 내 새끼
아직도 나는
내 딸, 네가 참 보고 싶다

성장통
- 먹구름의 하늘

선생님이 너 때리니?
아니
그럼 욕해?
응, 그래서 나도 욕해

어느 중학교 근처를 지나치다
우연히 듣게 된
미래 이 나라의 주인이 될
어린 학생들의 대화다

정녕, 그 거친 언어가 자유란 말이던가
자유란 성장통을 앓으며
자신을 엄격하게 다스리고
세상에 맑은 꽃과
지혜의 향기를 피우는 것이다

참혹하게 추락된 교권
지금 어느 고등학교 교단에서
묵묵히 이 땅의 동량棟梁들을 가르치고 있을
내 딸 생각을 하니
가슴이 답답하다
하늘도 먹구름이다

통통이의 탄생

온 세상 축복을 안고
이 땅에 오신 우리아가

이 땅의 빛이 되어
아주 먼 곳에서 작디작은 몸으로
세상 문을 힘차게 박찰 때
하늘의 선물인가
이슬비가 내렸지

통통아 고맙다
네가 우리 곁에 온 걸
뜨거운 가슴으로 환영을 한다

아가야
이제 두 눈을 크게 뜨고
꼭 쥔 주먹을 활짝 펼쳐보렴
네 작은 가슴으로
이 큰 세상을 품어보렴
아무런 걱정은 말고 건강만 하여다오
그저 무럭무럭만 자라다오

예쁜 아기천사
우리 통통이 장하다

사랑 한다

*2016. 10. 23. 외할미가
통통이는 우리 외손녀 태명

지상의 별 하나

-내 마음의 돛단배

저녁노을 지고
지상에 촛불이 하나 둘 켜지면
까만 하늘바다를 바라봅니다

지상에 서있는 별은 나 하나
저 하늘바다에 떠있는 무수한 별들은
나의 그리움이어라

이 밤도 그리운 얼굴들을 싣고
나는 새벽으로 노 저어 가는
돛단배 한척

물총새 한 마리

내 눈물 얼어붙은
동그란 토담집에
봄비가 내리네

서러운 마음 다독여주는
그리운 엄마의 숨결인가
초록잔디가 다정하게 손을 내미네

아직도
이 가슴에 내리는 빗물은
멈추지 않았는데

지금
내 머리 위를 날고 있는
저 물총새 한 마리는

작은 새 한 마리

어미 잃고
은평 골 빈 하늘을 헤매는
작은 새 한 마리

지금은 한여름
살갗은 타들어 가는데
가슴엔 찬바람 분다

내 집 앞
저 봉산자락에 둥지를 튼 뻐꾸기들도
어미 새가 있는데
목울대 울먹이는
작은 새 한 마리

두-웅둥
슬픈 이 영혼을 어루만져주는
저 멀리
진관사의 범종소리

슬픈 이별의 서곡처럼

세상의 무대를 밝히던
바-알간 조명등 하나
고요히 잠듭니다

고단한 하루를 걸어
두 눈을 감으니
시간의 저 언덕 넘어
수많은 영상이 주마등처럼 스쳐갑니다

저 밤하늘 별들이
산산이 부서지며 부르는
슬픈 이별의 서곡처럼
이제 내 삶의 둔덕에
그리운 얼굴이 되어버린
내 어머니여

이 밤도
한없이 따사롭던 그 젖무덤이
하도 그리워

어머니!
어머니를
그저 목 놓아 불러봅니다

어머니의 창가에 기대

그리움이 떠 있네
내 마음의 샘가에

눈을 감아도
눈을 떠도
아른아른 비치는

소슬바람이
앙상한 가지를 흔드나니

나도 모르게
와르르 무너지는 눈물샘
어머니의 창에 기대

어머니의 집

언덕배기
동그란 잔디 지붕
울도
담도 없는
광활한 우주가 울 엄마네 집

어머니 안부가 하도 궁금하여
우거진 수풀 헤쳐가며 달려갔는데
창문 없는 엄마의 뜰엔
흰 구름만 무심하네'

아무리 목 놓아 불러도
대답 없는 어머니여
저 산새들은 내 마음 아는 걸까
나뭇잎에 숨어 서럽게 우짖고 있네

보고픈 어머니의 손길인가
억센 잡초 밭에 누워있던
늙은 칡넝쿨의 거친 손이
가는 내 발길 꼭 붙잡고 있네

*2019. 8. 5
- 어머니의 집에서

바람의 길을 달린다

-송추 골에서

바람의 길을 달린다

언제나 그러하듯
우리는 낙엽 쌓여가는 길섶에
질주하던 자동차를 멈추고
자판기에서 달달한 믹스커피
한잔씩을 뽑아 마신다

낙엽 떨어진 벤치에 앉아
김이 모락모락 나는 커피를
한 모금씩 마시는데
느닷없이 친정어머니께서
"박서방 담배 연기 한 모금만 마셨으면 좋겠네"라고
말씀을 하시는 게 아닌가
담배 한 가피조차 피워 보신적도 없는 분인데

나는 화들짝 놀라
엄마에게 면박 아닌 면박을..
어느새 우리애마는
송추 골을 벗어나고 있었다

어디쯤 이었을까
옛날식 작은 구멍가게에서

궐련담배 한 갑을 사온
남편의 담배연기는
어머니 곁에서 허공으로 흘러간다

해롭다하여 남편은
애써 담배까지 끊었는데
파주 광탄골 어느 밭둑에서
내 어머니의 인생 노을이
하얗게 타고 있었다

어머니의 시간은 거기까지였다

Ⅰ.
은평구 신사동에서
702번 시내버스를 타고가다
홍제역에 다다를 무렵

무심코 내 눈에 투영된
서대문 마을버스 9번
순간 가슴이 쿵 내려앉는다

하루를 쉬임 없이 달려온 2017년
한해도 며칠남지 않았는데
바람에게도
햇빛에게도
따뜻하게 위로받지 못한 채
내 어머니의 시간은 거기까지였다

일제강점기에 태어나셔서
한국전쟁과 꽃다운 시절에 젊은 미망인
여든아홉 한생을 마감하실 때까지
서러움과 외로움만이 파도치는
고난의 가시밭길에서

II
굶주린 창자를 움켜쥐고
오직, 우리 오남매를 키우고 지켜내신
위대한 나의 어머니시여!

그래서 이 딸년은
어머니의 한 많은 그 세월을 회상하며
홍제동 지하철역 버스승강장에서
9번 마을버스에 몸을 싣고
엄마 엄마를 눈물로 부르며
동신병원 중환자실로 달려갔었다

그곳엔
야윈 젖가슴 풀어헤치고
점점 흐릿해져가는
기억 한 조각이라도 꿰매어가며
이 못난 자식을 기다리시던
어머니가 계셨기 때문이다

아, 하늘도 무심하여라
생전 불효에 고개 숙인 자식들이
온몸으로 통곡하는데도
끝내 하늘나라

저 먼 나라로 가신

가여운 어머니여

Ⅲ.
이제 바람의 나그네에게
길을 물어
성글한 잔디이불 사이로
파란 싹이 얼굴 내미는 삽재골로
나는 보고픈 엄마 보러간다

*2018. 3. 5일 밤

해를 품고

새해 첫 새벽
이 땅에 붉끈 솟아오른
벌건 불덩이하나

희망의 새 불씨로
대지의 언 가슴을 녹일 때
예서제서 아우성치는
작은 생명체들

여름의 불꽃아!
저 대지를 태우고
검푸른 바다까지 집어 삼켜라
마침내 하늘과 땅 바다
온 세상이 초록빛 하나가 되었나니

휴~우
숨 가쁘게 내달려온 삶이여
풍성한 가지 끝마다 옹골찬 열매들이
뜨거운 열기를 덜어내며
발갛게 뜸을 들인다

미음 갈등
그리고 행복이 어우러졌던

올 한해의 긴 문장을
하얀 눈이 덮는다

□ 해설

빛으로 가는 향일성의 시학

봉순희 시집 『빛과 어둠의 경계선에서』에 부쳐

홍 문 표

시인 · 비평가 · 전 오산대학교 총장

봉순희 시인이 이번에「빛과 어둠의 경계선에서」시집을 내게 되었다. 시집 상재를 진심으로 축하한다.

봉순희 시집 「빛과 어둠의 경계선에서」는 총 4부로 되어 있다. 1부 '빛과 어둠의 경계선에서' 2부 '하늘빛이 참 맑다네' 3부 '마른 풀잎의 맑은 향기' 4부 '해를 품고'로 되어 있다.

1부 '빛과 어둠의 경계선에서'는 시집 제목이기도 한 빛과 어둠의 분명한 구별을 전제로 한 시인이 바라는 빛의 세계에 대한 열망이다. 2부 '하늘빛이 참 맑다네'는 봄에서 여름으로 이어지는 자연의 계절에서 하늘빛이 참 맑은 세계를 서정적인 감성으로 그리고 있다. 3부 '마른 풀잎의 맑은 향기'는 가을에서 겨울로 이어지는 순환 속에서 시인만이 느낄 수 있는 행복의 별세계를 그린다. 4부 '해를 품고'에서는 뜨거운 모성으로 가족들과 사랑과 소망의 밝은 해를 품고 살아가는 삶의 아름다운 노래다.

시인의 위대한 유산은 시를 읽는 이로 하여금 시를 통하여 희망을 가져다주는데 있다. 봉 시인은 빛과 어둠의 경계선에서 빛을 향하는 향일성의 시인이다. 시집 제목이 되고 있는 「빛과 어둠의 경계선에서」를 보자.

숙명처럼
오늘하루의 흔적을 지워야 할
운명의 시간

빛과 어둠의 경계선에서
마지막 불꽃을 태우는
저녁노을

산마루에 땅거미 내리고
고단한 하루를 위로하는
달콤한 와인 한잔

저 노을처럼
내 얼굴도
발갛게 물들고 있다

인간은 누구나 빛과 어두움의 경계선에서 산다. 아니 모든 생명체들도 그렇다. 그런데 문제는 빛의 편에 설 것인가 어둠음의 편에 설 것인가이다. 빛의 시간은 낮이고 어둠의 시간은 밤이다. 빛의 시간은 밝음이고 생명이고 희망이고 진리다. 반면 어둠의 시간은 죽음이고 절망이고 불의다. 그렇다면 세상은 모두 빛으로 향할 것 같은데 실상은 어둠이 더 설치고 어둠으로 한 때를 누리려한다. 그러나 봉 시인은 철저히 빛의 세계를 추구하며 빛의 시를 쓴다. 하루의 저녁때는 사실 빛이 다하고 어둠이 다가오는 운명의 시간에서조차 마지막 불꽃을 피우는 저녁노을조차 사랑한다. 그리하여 노을과 함께 내 얼굴도 발갛게 달아오르는 시의 시간을 만든다.

그러나 봉 시인의 항일성은 새벽으로 시작되는 아침 시간에 더 무게를 둔다.

> 하늘과 바다 온 누리
> 어느새 환희의 금빛 물결
> 태양은 다시 새벽길을 열었다
>
> \- 「주문진의 아침」 에서

> 새벽을 깨우는
> 동해바다 붉은 불꽃을 보았는가
> 푸른 심장을 보았는가
>
> \- 「독도의 아침」 에서

> 도시의 어두운 그림자들이
> 저 차가운 강물로
> 우울했던 몸과 마음을 행구나 보다
>
> 어제의 그 자리에
> 거대한 도시를 다시 건져 올린
> 위대한 새벽이여!
>
> \- 「햇살이 살아 움직인다」 에서

천지자연의 분명한 진리는 새벽에 하늘과 바다 온 누리가 환희의 금빛 물결이 되는데 있다. 태양이 다시 새벽길을 여는 시간은 언제나 진리이다. 시인이 이 엄연한 이 진리를 자신의 시로 건져 올린다는 사실이 중요하다. 시인에 의하여 전개되는 새벽길은 지난밤의 우울을 묻는 환희의 금빛 물결이 있다.

태양이 다시 돋는다. 더구나 봉 시인에게는 태양이 새벽길을 열었다가 아니라 태양은 다시 새벽길을 열었다 이다. 그만큼 새벽의 시간은 우리에게 영원히 부활을 약속하는 생명의 빛이 되는 것이다. 그러기에 타오르는 불꽃과 푸른 심장의 은유적 시어로 꽃피울 수 있는 것이다. 이러한 새벽의 감동은 도시의 어둠에 사는 사람들에게도 다시 일어날 수 있는 활력이 된다.

아침이 깨어난다
지축 울리는 힘찬 발자국소리
당당히 고개를 든 아침햇살
벌써 마을버스 정거장엔
긴 행렬에 바쁜 몸짓들이다
…
저만치서
단 걸음 쳐 달려가는
젊은 원앙 한 쌍 참 어여쁘다

17층 우리 집 거실에서 내려다 본
오늘아침 파노라마다
문득 나도 달리고 싶다
저 시간의 바람을 타고

-「시간의 바람을 타고」에서

11월, 오늘의 아침
오늘이여
동녘하늘에 뻗친 붉은 빛이여

어느새 밤을 지배하던
안개의 성은 속절없이 몰락하고
잠든 지구를 깨우는

고요한 함성이여

그래요
분명 오늘은
좋은 일이 있을거예요

– 「11월, 오늘의 아침」 에서

이러한 새벽의 시간은 아침의 시간으로 이동한다. 새벽의 서광이 우주자연의 시작이라면 아침 햇살은 인간들의 치열한 삶의 시작이다. 그것은 “아침이 깨어난다/ 지축 울리는 힘찬 발자국소리”를 통해 잘 보여준다. 시인은 17층 우리 집 거실에서 하루에 도전하는 활기찬 사람들을 바라본다. 그리고 자신도 강한 삶의 욕망을 느낀다. 빛과 어둠의 경계선에서 빛의 무한한 생명력을 재확인 하는 것이다.

이러한 아침의 빛이 주는 메시지는 「11월, 오늘의 아침」을 통해 더욱 강화된다. 밤을 지배하던 안개의 성이 속절없이 몰락하고 잠든 지구를 깨우는 고요한 함성이 잔동하기 때문이다. 그래서 분명 오늘은 좋은 일이 있을 것이라는 예언을 한다. 시인은 11월, 오늘 분명 좋은 일이 일어나니 힘내라고 위로하며 권유한다. 계절은 11월로 들어서 추위로 가고 있지만 마음의 따뜻한 아침햇살이 시인을 일으키듯이 오히려 11월의 아침도 좋은 날인 것을 “…그래요…좋은 일이 있을거예요”라는 기대와 희망의 역설적 메시지로 주문한다.

빛은 생명이고 희망이고 사랑이고 성장이고 일어섬이다. 그리하여 시인의 상상력은 저 만치서 지나온 과거에서나 볼 수 있는 순간들 ‘젊은 원앙 한 쌍’을 시인의 것으로 편승하여 젊음의 길로 들어서는 일이다. 다시 첫사랑을 찾는다(「첫사랑

2)」) 또한 파아란 불빛의 씨앗을 심으며 가는 것이다.

그리운 꽃 한 송이가
가슴에 피어나네
…
내 심장이 뜨거워지네

그리운 꽃 한 송이가
가슴에 다시 피어나네

-「첫사랑 2」에서

가던 발길 멈추지 않겠소
세월, 그 무정한 바람에 잠시 머물던
내 사랑의 뜰에

파란불빛의 씨앗하나
돋아나게
그냥 묻고 갈래요

-「파란불빛의 씨앗하나」에서

봉 시인의 시에서의 이 파란 꿈을 가질 수 있는 시간은 봉 시인이 지나온 시간의 그 당당한 젊음의 시간을 다시 발견하는 일이다. 봉 시인은 아침이슬을 밟고 하루의 수레바퀴를 굴리며 소중한 그리고 지나온 시인의 가장 귀중한 시간을 길어 올린다. 그리고는 내 사랑의 뜰에 '파란 불빛의 씨앗하나/ 돋아나게' 한다. 이러한 시인의 바람직한 파란 불빛은 아름다운 시인의 삶을 더욱 풍요롭게 한다.

한편 봉시인은 '빛과 어둠의 경계선에서' 어둠의 네모를 싫어하고 아침 태양처럼 둥글둥글한 세상을 좋아한다.

네모난 집
네모난 방
네모난 침대에서 일어나
네모난 방문을 연다

네모난 사진액자가 걸린
네모난 거실
네모난 유리창에 껌 딱지처럼 들어붙은
네모난 커튼을 열어 부친다

들풀향기 시들한
네모난 식탁엔
망망한 대해에서 건져 올린
생선구이 한토막이
네모난 접시에 반듯하게 누워있다

나는 네모난 세상이 싫다
그래서 네모난 엘리베이터를 타고
헐레벌떡 오늘을 탈출하는데

네모난 그물의 덫에 갇혔던
아침햇살이 자꾸 내 뒤를 쫓아온다
발그레한 얼굴로

–「네모난 세상」에서

나는 재판의 판결도 없이
수인번호도 없이
하얀 마스크를 쓰고
감옥 같은 방안에 갇혀 있다오

–「하얀 멍에」에서

네모는 자연이 아니라 인공이다. 인간들은 문명이란 네모를

만들어 스스로를 속박한다. 봉시인은 자연 어디에서도 찾아 볼 수 없는 인간이 만든 이기利己 네모 안에서 시인만의 자유를 찾아 나선다. 시인이 위대한 것은 시를 통해서 네모의 어두운 공간의 울타리를 벗어나 자유로운 빛의 세계로 맘껏 나르는 것이다.

2. 하늘빛처럼 맑음을 되찾아

봉 시인이 빛과 어둠의 경계선에서 빛의 세계를 추구하며 제1부에서는 주로 새벽에서 저녁까지의 일상에서 밝음을 찾았다면 제2부와 3부에서는 봄 여름 가을 겨울 일 년 사계 속에 펼쳐진 빛의 나라를 찾아가는 순례자가 된다. 특히 그는 사계 중 봄의 빛에 비중을 둔다. 그의 시는 먼저 「하늘빛이 참 맑다네」라는 재목으로 봄의 해맑은 얼굴을 알린다.

하늘빛이 참 맑다네
벗이여
한겨울 광풍 불던
저 벌거숭이 산야에 봄꽃 소식이 있다네
…
벗이여
자박자박 다가오는
봄의 기적소리가 들리시는가
어서 닫힌 창을 활짝 열어 보시게나
하늘빛이 참 맑다네

– 「하늘빛이 참 맑다네」에서

어떤 강압적인 청유와 권유가 아니라 예의를 차려 어서 닫힌 창을 활짝 열어 보시게나 라는 어조의 친근한 경어敬語를 쓰면서 희망의 봄 동산에 초대한다. 그러나 그의 초대는 다가오는 봄의 기적소리를 들으라는 명령형이 아니라 다정다감한 권유형이기에 엄마의 품처럼 따스하고 평화롭다. 그리고 만족감을 주게 한다. 읽는 이로 하여금 다시 일어섬에 동참하라고 독자에게 권하는 청유형의 봄이다.

절망
이 암흑 땅에
작은 불씨를 지피자

…
눈을 뜨거라

회색안개에 덮인
암울한 세상
고개 숙였던 벗님들이여

어서 봄의 나팔을 불며
초록불길을 당기자

- 「초록불을 당기자」 에서

어둠을 뚫고
예서제서 들려오는
봄의 호루라기 소리
피어나는 연록의 깃발

자, 태우자

- 「풀꽃들의 저항」 에서

봉시인은 청유형으로 "불씨를 지피자" "눈을 뜨거라" "초록불길 당기자" "연초록 갓발 /자, 태우자" 등 세상을 온통 붉은 불이 아니라 초록불로 태우자는 것이다. 그만큼 그의 불꽃은 희망과 생병이 넘치는 강렬한 봄의 불꽃이다. 이처럼 봉시인은 봄의 시인이다. 다시 오는 봄을 맞는 열정적인 부활의 시인이다. 봉시인은 이미 첫 시집 『봄이 오고 있잖아요』를 낸 바 있다. 정말 봄 시인답게 이 시집에서도 봄의 찬가를 유감없이 발휘하고 있는 것이다.

봉 시인은 인용한 시들 말고도 이 시집에서 봄을 소재로 한 제목만도 「청 보리밭」「버들피리 소리가아련하네」「그 파란 문」「반가운 까치소리」「봄의 발자국」「불광천의 봄」1, 2 「새 봄이 오나 보다」「봄의 출사표」「봄의 잎사귀」「봄의 마당가」「봄의 대지」「봄은 한 울타리」「벚꽃」1, 2, 3 「이 봄의 꽃길에」「임진강의 봄」등 다수가 있다.

시인이 시를 쓰는 것은 단지 사물을 보고 감상하고 즐기는 것이 아니라 자신의 삶을 그 작품 속에 투사하는 것이다. 그러기에 시는 그 자신의 자화상이고 고백이고 욕망이고 희망이고 꿈이다. 그렇다면 봉 시인의 봄에 대한 시는 그의 인생과 철학과 시정신이 그대로 반영된 것이다. 육신적인 연륜은 비록 오후거나 가을일 수 있지만 그의 사고와 삶은 늘 봄이고 청춘이고 희망이고 가능성이라는 말이다. 그만큼 긍정적이고 적극적이고 생명력이 넘치는 초록 불길이란 말이다.

3. 어머니처럼 해를 품고

봉 시인은 이번 시집의 마지막은 어머니처럼 해를 품는 지극힌 모성의 노래로 밝고 빛나는 항일성의 시학을 장식한다. 그것은 어머니와 자신과 딸과 손녀로 이어지는 사랑의 연가

이기도 하다.

꽁꽁 언 정화수 한 사발 앞에
두 손 모은 어머니 기도는
위대한 모성이십니다

-「어머니의 기도」에서

"따르릉,, 엄마 뭐 하셔요
밥하고 있어
오빠는?
아빠는?
다들 집에 있어'좋겠다,
…
아직도 나는
내 딸, 네가 참 보고 싶다

-「너의 빈자리」에서

아가야
이제 두 눈을 크게 뜨고
꼭 쥔 주먹을 활짝 펼쳐보렴
네 작은 가슴으로
이 큰 세상을 품어보렴

-「통통이의 탄생」에서

지상에 서있는 별은 나 하나
저 하늘바다에 떠있는 무수한 별들은
나의 그리움이어라

-「지상의 별 하나」에서

이제 내 삶의 둔덕에
그리운 얼굴이 되어버린
내 어머니여

-「슬픈 이별의 서곡처럼」에서

파란 싹이 얼굴 내미는 삽재골로
나는 보고픈 엄마 보러간다

-「어머니의 시간은 거기까지였다」

봉 시인은 어머니와 나 그리고 딸과 아가로 이어지는 내리사랑 그 혈연의 지극함이 어머니라는 사랑과 헌신의 매개체로 하여 연결한다. 도대체 어머니란 무엇인가. 그토록 끈질겼던 어머니, 가장 나약한 듯한 어머니는 이제 떠나갔지만 양지바른 봄 언덕 밭고랑에는 다시 싹이 파랗게 돋아나고 있다. 봄날의 초록 함성으로 재탄생한 것이다. 인생도 자연도 그렇게 면면히 이어지는 것이고 그것은 해를 품은 모성의 지극한 순리의 역사이기도 하다. 이런 섭리를 터득 했기에 시인은 파란 싹이 얼굴 내미는 삽재골로 나는 보고픈 엄마를 보러간다는 고백을 하게 된다

이처럼 봉시인은 해를 품은 어머니의 모성이 천상의 봄과 지상의 봄으로 어우러지는 인연의 시학이다. 어머니의 모성은 소멸되는 것이 아니라 파란 불빛의 씨앗이 되어 매년 봄날이면 양지 밭에 돋아나는 풀꽃이 되어 재생하는 불사의 생명이 되고 기적이 된다.

이처럼 봉순희 시인의 이번 시집 『빛과 어둠의 경계선에서』는 어둠에서 빛으로 가는 향일성의 시학이며 그것은 새벽에서 노을로 이어지는 한 낮의 시학이며 계절의 순환으로 나타나는 생명의 시학이며 어머니의 지극한 사랑을 따라 대대손손 이어지는 보성의 시학이다.

빛과 어둠의 경계선에서
봉 순 희 시집

2021년 11월 20일 인쇄
2021년 11월 25일 발행

지은이 봉 순 희
펴낸이 신 용 호
펴낸곳 창조문학사

서울 서대문구 홍은동 397-26 동천아카데미 5층
등록번호 제1-263호
전화 374-9011, Fax 374-5217
공급처 한국출판협동조합 전화 716-5616~9

저자와 협의에 의해 인지를 생략합니다.
파본은 바꾸어 드립니다.
값 10,000원
ISBN 978-89-7734-792-2